BEI GRIN MACHT SICH IHR WISSEN BEZAHLT

- Wir veröffentlichen Ihre Hausarbeit, Bachelor- und Masterarbeit

- Ihr eigenes eBook und Buch - weltweit in allen wichtigen Shops

- Verdienen Sie an jedem Verkauf

Jetzt bei www.GRIN.com hochladen und kostenlos publizieren

Rolf Tanner

Die iranische Revolution und das internationale System

GRIN Verlag

Bibliografische Information der Deutschen Nationalbibliothek:

Die Deutsche Bibliothek verzeichnet diese Publikation in der Deutschen National-
bibliografie; detaillierte bibliografische Daten sind im Internet über http://dnb.d-
nb.de/ abrufbar.

Impressum:

Copyright © 2008 GRIN Verlag GmbH
Druck und Bindung: Books on Demand GmbH, Norderstedt Germany
ISBN: 978-3-640-46014-4

Dieses Buch bei GRIN:

http://www.grin.com/de/e-book/135770/die-iranische-revolution-und-das-interna-
tionale-system

GRIN - Your knowledge has value

Der GRIN Verlag publiziert seit 1998 wissenschaftliche Arbeiten von Studenten, Hochschullehrern und anderen Akademikern als eBook und gedrucktes Buch. Die Verlagswebsite www.grin.com ist die ideale Plattform zur Veröffentlichung von Hausarbeiten, Abschlussarbeiten, wissenschaftlichen Aufsätzen, Dissertationen und Fachbüchern.

Besuchen Sie uns im Internet:

http://www.grin.com/

http://www.facebook.com/grincom

http://www.twitter.com/grin_com

Die iranische Revolution und das internationale System

Vorlesung im Rahmen des Kurses „Master of Advanced Studies in Applied History/ Modul: Revolutionen und Massenbewegungen" Universität Zürich, Schweiz

Dr. phil. hist. Rolf Tanner, Wädenswil

2008
5. September

Inhaltsverzeichnis

Die islamische Revolution im Kontext des Kalten Kriegs

Die islamische Revolution im Iran fand an der Schwelle der letzten Phase des Kalten Kriegs statt – der Phase, die nach dem Einmarsch in Afghanistan und der Zerschlagung der Solidarnosc in Polen durch ein wiederum intensiviertes Wettrüsten zwischen den Blöcken, eine drastische Abkühlung der Beziehungen zwischen Moskau und Washington und Spannungen innerhalb der NATO wegen der nuklearen Nachrüstung gezeichnet war und die erst mit der Perestroika beendet wurde. Ausserhalb Europas, dem eigentlichen Hauptkonfrontationsplatz der zwei Supermächte, hatten allerdings bereits in der vorangegangenen Entspannungsperiode Stellvertreterkonfrontationen kontinuierlich zugenommen. In Vietnam brach 1975 das nie sonderlich populäre Regime im Süden zusammen und beendigte für die USA die eigenen traumatischen Erfahrungen in diesem Land mit einer demütigenden Niederlage. In Zentralamerika kamen in der Mitte der siebziger Jahre die dortigen Oligarchien unter den Druck von linksgerichteten Guerillabewegungen. In Nicaragua stürzte die Familiendiktatur der Somozas und musste den revolutionären Sandinisten Platz machen, während im benachbarten El Salvador sich ein prekäres Bündnis von Generälen und Politikern nur dank massiver amerikanischer Militär- und Wirtschaftshilfe knapp an der Macht halten konnte. Im südlichen Afrika zogen sich die Portugiesen überstürzt aus Angola und Mosambik zurück. Während in Mosambik eine linksgerichtete Partei zügig die Macht übernahm, brach in Angola ein Bürgerkrieg aus. Kuba schickte Tausende von Soldaten, um eine linke Regierung gegen ihre innerangolanischen Feinde und deren südafrikanischer Helfer zu unterstützen. In Äthiopien hatten Offiziere 1974 Kaiser Haile Selassie zuerst unter Hausarrest gesetzt, später ermordet. Das neue Regime verwickelte sich in einen Krieg mit dem benachbarten Somalia. Die Sowjetunion ergriff die Partei der äthiopischen Junta und lieferte Waffen, während die Kubaner wiederum mit Soldaten und Berater zur Seite standen.

Die Ereignisse in all diesen Ländern hatten in erster Linie ihre Wurzeln in den lokalen Verhältnissen. Kleine Eliten herrschten – zum Teil mit brutaler Gewalt – über das Land und gewannen ihren Reichtum und ihre Macht aus der Ausbeutung weiter Bevölkerungsschichten, die zum Teil in feudalen Abhängigkeitsverhältnissen gehalten wurden. Diese Eliten waren vielfach mit dem Westen verbunden, ihre

Regimes galten als pro-westlich. Wer sich gegen diese Regimes stellte, wurde von diesen – und oft, zu oft mit der Billigung Washingtons - als Kommunist denunziert, diffamiert, gefoltert und umgebracht. Kein Wunder, dass die Oppositionskräfte in diesen Ländern „Kommunist" nicht unbedingt als Schimpfwort empfanden. Die marxistische Gesellschaftsanalyse, mit ihren Erklärungsversuchen von Herrschaft, Ausbeutung und Unterdrückung, schien in vielen Fällen durchaus nützlich und den lokalen Verhältnissen angepasst.

Andererseits aber unterstützte Moskau oft die radikalsten Oppositionsgruppen vor Ort, vor allem wenn sie sich einer kommunistischen Programmatik verschrieben; die Sowjets und ihre Satelliten, allen voran Kuba, gewährten finanzielle und politische Unterstützung, lieferten Waffen und waren für militärische Ausbildung dieser Oppositionsgruppen besorgt. Das schürte die Gewalt, verhinderte öfters auch den Dialog, politische Kompromisse und friedliche Transformationsprozesse. Die sogenannte dritte Kraft – reformerisch, demokratisch, auf politischen Ausgleich und soziale Gerechtigkeit bedacht – hatte in diesen aufgeladenen konfrontativen Situationen regelmässig keine Chance.

Ayatollah Sayyid Ruhollah Khomeini, der gegen das prowestliche Regime des Schahs aufbegehrte und dieses schliesslich stürzte, war kein Kommunist, kein Linker – beileibe nicht. Sein Slogan war „Weder Ost noch West". Das sorgte allenthalben für Verwirrung, nicht nur bei den Repressionsorganen des Schahs, welche während den revolutionären Unruhen von 1978/79 die Anhänger Khomeinis als „schwarze Marxisten" brandmarkten. Auch in den Analysenberichten des CIA und des KGB herrschte Ratlosigkeit, wie das Phänomen zu deuten sei – und, um die eigene Weltsicht zu retten, vermutete man, die Gegenseite müsse sehr wohl die Finger im Spiel, wenn auch auf ganz raffinierte Weise. Dabei lässt sich heute mit Sicherheit und Gelassenheit sagen, dass die iranische Revolution sich unabhängig von der Logik und Dynamik des Kalten Kriegs entwickelte, auch wenn sie sich vor dessen Hintergrund abspielte. Viel eher ist sie in Bezug zu stellen zur Entkolonialisierung, die ebenfalls einer anderen Logik als jener des Kalten Kriegs folgte (doch von dessen Mechanik stark geprägt wurde). Die Entkolonialisierung steht für die Emanzipation und Wiederverselbstständigung der Regionen ausserhalb des nordatlantischen Raums nach einer Phase europäischer Domination. Die Entkolonialisierung war naturgemäss vorerst eine vorwiegend politische Bewegung, da die überseeischen Kolonialreiche Europas in erster Linie politische Konstrukte waren, allerdings mit weitreichenden ökonomischen, gesellschaftlichen und kulturellen Konsequenzen für die betroffenen Gebiete, und die politische Emanzipation hatte durchaus ihre Wurzeln in diesen kulturellen Verwerfungen und Veränderungen. Letztere bewirkten aber vielfach, bei aller gleichzeitigen Uebernahme von ökonomischen und ideologischen Modellen und Mustern des kolonialistischen Westens, zu einer Rückbesinnung auf die eigenen Wurzeln als Grundlage eines autochthonen Politik- und Gesellschaftsprogramms. Unter diesen Umständen erstaunt es nicht, dass in Ländern mit mehrheitlich muslimischer Bevölkerung der Islam als Basis für eine neue, den eigenen Bedürfnissen und Gepflogenheiten scheinbar angepasstere und authentischere politische Ideologie genommen wurde.

Der Islamismus und Khomeinis Weltsicht

Es würde hier zu weit führen, im Detail die Genesis des politischen Islams beziehungsweise des Islamismus im Nahen Osten nachzuzeichnen. Nur soviel: Die soziokulturellen, ökonomischen und politischen Modernisierungs- und Emanzipationsbestrebungen, die seit den fünfziger Jahren in den arabischen Ländern durch Nasser und im Iran durch den Schah – wenn auch in einer prowestlichen Variante - verkörpert wurden, hatten in eine Sackgasse geführte und die geweckten Erwartungen nicht zu erfüllen vermocht. Der panarabische Nationalismus in all seinen Schattierungen geriet mit der verheerenden Niederlage im Sechstage-Krieg gegen Israel in eine tiefgreifende Krise. Eine vergleichbare traumatische Erfahrung fehlte zwar im Iran, aber auch hier hinterliess die forcierte Modernisierung ein Malaise. Kulturell fühlte man sich vom Westen dominiert. Wirtschaftlich eröffnete zwar der Oelboom die Aussicht auf schnellen Gewinn und Reichtum – aber er nährte auch Korruption, Inflation und andere negative Erscheinungen.

Seit den siebziger Jahren war in vielen muslimischen Gesellschaften eine Rückkehr zu privater Frömmigkeit und religiöser Lebensweise zu beobachten. Gefördert wurde dieser Trend durch Saudi-Arabien. Dank den Einnahmen aus dem Export von Oel verfügte das Wüsten-Königreich über gewaltige Finanzmittel und stiftete generös Schulen, Universitäten, Spitäler und Kindergärten, mit entsprechend ausgebildetem und frommem Personal.

Doch die Rückkehr zur Religion blieb nicht aufs Private, Pädagogische und Karikative beschränkt. Auch politisch wuchs das Interesse am Islamismus – jener

Ideologie, die sich auf die Religion berief, nicht aber mit ihr gleichzusetzen war. Der Islamismus wurde in einigen Ländern von den jeweiligen Regierungen sogar gefördert, weil sie in ihm eine Gegenkraft zum Kommunismus sahen. Mitte der siebziger Jahre gab es in zahlreichen nahöstlichen Staaten islamistische Gruppen, die entweder im Untergrund oder in der Halblegalität operierten. Im Iran gelang ihnen mit der Revolution die Machtergreifung.

Die Weltsicht der islamischen Revolution Irans ist einerseits geprägt durch die Besonderheiten des schiitischen Islams und andererseits Khomeinis eigenen Ansichten und Interpretationen. Nur knapp 10 % der Muslims weltweit sind Schiiten; eine Mehrheit bilden sie in Iran, Irak, Bahrain und, in einer besonderen Variante, im Jemen. In allen anderen Staaten sind die Schiiten eine Minderheit, oft eine unterdrückte. Der Ursprung der Schiiten geht auf einen Zwist in der frühislamischen Geschichte zurück: 680 wurde der damalige Führer der Schiiten, Hussein, mit 80 seiner Getreuen von einem überlegenen feindlichen Heer in einem Gefecht im heutigen Irak besiegt und umgebracht. Dieser Tod wird bei den Schiiten als selbstloses Martyrium interpretiert, das sehr viele Aehnlichkeiten mit der Passion Jesu aufweist. Wie Jesus für die Christen, so hat sich Hussein für die Rettung und das Heil der Schiiten geopfert (wobei aber Hussein immer nur Mensch ist, im Gegensatz Jesus).

Das Thema der „Befreiung" ist denn auch zentral in der schiitischen Theologie – und nimmt breiten Raum in Khomeinis politischer Ideologie ein. Für ihn sind die Muslims eine „unterdrückte Nation", die es zu befreien gilt – nicht nur im Iran, sondern überall. Khomeinis Ideologie ist insofern panislamisch und nicht speziell schiitisch; die Art und Weise, wie Khomeinis aber diesen Panislamismus vor allem in der Praxis handhabe, zeigte sehr wohl seine schiitischen und iranischen Wurzeln. Khomeinis Ideologie fand ausserhalb Irans nach einer anfänglichen echten panislamischen Ausstrahlung denn auch vor allem unter Schiiten Anklang.

Wenn Khomeini von Befreiung und folglich von Unterdrückung sprach, dann setzte er die Unterdrücker mit den USA und Israel gleich. Als muslimischer Schriftgelehrter wies Khomeini den Vorwurf des Antisemitismus zurück, unter Hinweis auf das Gebot des Korans, Juden als „Volk des Buchs" einem besonderen Schutz anheimzustellen. Doch kann Khomeini nach geläufigen Definitionen sehr wohl als Antisemit bezeichnet werden. Er glaubte jede noch so abstruse antisemitische Verschwörungstheorie. Khomeini war überzeugt, die USA würden von einer jüdischen Lobby beherrscht, auf deren Wirken allein die Gründung Israels zurückzuführen sei. Für Khomeini war Israel Teil eines sinistren Plans, den gesamten islamischen Raum mittels politischer Einflussnahme, wirtschaftlicher Ausbeutung und kulturelle Zersetzung zu unterwerfen. Deshalb musste Israel, in der Diktion Khomeinis, von der Landkarte verschwinden. Eine der ersten Handlungen nach dem Sieg der Revolution war denn auch die Schliessung der israelischen Handelsmission in Teheran und die Uebergabe des entsprechenden Gebäudes an die PLO.

Das Bild einer fast allmächtigen, vor allem aber hinterhältigen politisch-militärische Supermacht USA kontrastiert mit der Ueberzeugung Khomeinis, dass die USA kulturell dekadent und damit eigentlich innerlich schwach seien. Der Sieg über den Schah – in dem Khomeini nie mehr als einen amerikanischen Statthalter sah - , die Geiselnahme der Botschaftsangehörigen, und letztlich auch das Scheitern der Aktion zu ihrer Befreiung waren für Khomeini Beweis für diese innere Schwäche. Er sah diese Schwäche darin begründet, dass der „American way of life" korrupt sei, mit Frauen, die sich unzüchtig kleideten und Homosexuellen, welche ihre Rechte einforderten.

Dieser ablehnenden und hasserfüllten Perzeption der USA stand eine nüchterne, fast schon tolerante Sicht der Sowjetunion, der anderen Supermacht, und der von ihr verfochtenen Ideologie des Marxismus-Leninismus gegenüber. Zwar lehnte Khomeini als islamischer Schriftgelehrter den Atheismus des Kommunismus natürlich ab. Auch steuerte der Iran nach dem Sieg der Revolution unter dem Slogan „Weder Ost noch West" einen Kurs der strikten Blockfreiheit. Doch weder die Unterdrückung der muslimischen und aller anderen Religionen in der Sowjetunion noch die Besetzung Afghanistans, und vor allem der dort unter dem Banner des Islams geführte Widerstandskampf, noch die Tatsache, dass der Irak, mit dem Iran einen achtjährigen Krieg austrug, seine Waffen vorwiegend aus der Sowjetunion bezog, vermochten in Khomeini offenbar die gleichen Hass zu wecken wie dies bei der USA der Fall war. Die Politik gegenüber der Sowjetunion, mit der Iran immerhin seine längste Landgrenze von über 1500 km teilte, blieb pragmatisch und nachbarschaftlich, wenn nicht gar passiv. Ob dies politisch-taktischem Kalkül entsprang – nach der Konfrontation mit der USA wollte sich Khomeini nicht in eine weitere Auseinandersetzung mit einer Supermacht verstricken, insbesondere nicht mit einer, deren geballte militärische Kraft nur wenig hundert Kilometer von Teheran entfernt in Bereitschaft stand – oder einfach Desinteresse, bleibt bis heute merkwürdig ungeklärt. Erst im Januar 1989, auf einem frühen und hoffnungsvollen Höhepunkt der Perestroika-Reformen in der UdSSR, sandte Khomeini einen aufsehenerregenden Brief an Michail Gorbatschow, den Generalsekretär der Kommunistischen Partei der Sowjetunion. Darin begrüsste er die Reformen, forderte Gorbatschow aber dazu auf, nach dem Scheitern des Kommunismus den Islam zu studieren. Ob dies ein Versuch war, die islamische Revolution iranischer Prägung bei den Muslims Zentralasiens und des Kaukasus angesichts der sich abzeichnenden existentiellen Krise der Sowjetunion als potentielle ideologische Alternative in Erinnerung zu rufen, ist unklar; die Initiative blieb jedenfalls ohne Folgen, und Khomeini verstarb wenige Monate später, noch vor dem Zusammenbruch der UdSSR und dem endgültigen Ende des Kommunismus.

Akteure in Aussenpolitik und Revolutionsexport

Die Aussenpolitik des iranischen Staates unmittelbar nach der Revolution war aufs engste verknüpft mit dem Aufstieg des Islamismus im Nahen Osten und der muslimischen Welt. Sie war andererseits aber auch bestimmt durch die Notwendigkeiten und Sachzwängen, die sich aus der Existenz und der Lage des iranischen Nationalstaates ergeben. Sie wurde noch weiter kompliziert durch die Tatsache, dass Aussenpolitik nicht nur von der offiziellen Regierung und insbesondere dem Aussenministerium gemacht, sondern von einer Vielzahl von Akteuren mitbeeinflusst wurde. Die wichtigsten unter diesen aussenpolitischen Parallel- und Konkurrenzinstitutionen waren und sind einerseits die Auslandabteilungen der Revolutionswächter, andererseits die mächtigen parastaatlichen Stiftungen, die sogenannten *bonyad*s. Diese waren nach 1979 durch den Einzug der Privatgüter des Schahs bzw. hoher Schah-Günstlinge entstanden; zum Teil wurden sie auch mit den religiösen Stiftungen einzelner Ayatollahs zusammengelegt. Die wichtigsten unter diesen Stiftungen waren die *bonyad-e-mostazafin va janbazan*, die „Stiftung der Unterdrückten und Minderberechtigten", und die *bonyad-e-shahid va isaar-garaan*, die „Stiftung der Märtyrer und Kriegsveteranen". Die meisten dieser *bonyad*s spielen eine wichtige Rolle in der iranischen Wirtschaft. Einige von ihnen expandierten nach 1979 aber auch ins Ausland, unterstützten karikative Werke in muslimischen Ländern, verbanden dies indes mit Propagandatätigkeiten. Deshalb wurden die *bonyad*s in mehreren muslimischen Ländern denn auch verboten. Die *bonyad panzdah khordad*, die

„Stiftung des 15 Khordad" war es, welche seinerzeit das Kopfgeld auf Salman Rushdie aussetzte.

Die *bonyad*s arbeiten bis heute zum Teil eng mit den Revolutionswächtern zusammen. Diese unterhalten seit 1979 eine ausländische Präsenz und unterstützen zahlreiche islamische Untergrundbewegungen, wobei lange jede Organisation als unterstützungswürdig galt, die sich zu gewaltsamem und revolutionärem Umsturz unter islamischen Vorzeichen bekannte. Die Revolutionswächter bildeten diese Untergrundbewegungen aus, finanzierten ihre Aktivitäten, schmuggelten Waffen und Sprengstoffe – zum Teil riefen sie diese Untergrundbewegungen überhaupt erst ins Leben. Auch das Nuklearwaffenprogramm Irans, das heute für so viele Verwerfungen sorgt, stand von Anfang an unter dem Kommando der Revolutionswächter.

Phasen der Aussenpolitik

Seit der Revolution durchlief die iranische Aussenpolitik mehrere Phasen. Die erste davon war auch die kürzeste und dauerte von Februar 1979, dem Zeitpunkt des Sturzes des Schahs, bis zum November gleichen Jahres, d.h., dem Beginn der Geiselaffäre. Der erste nachrevolutionäre Ministerpräsident, Mehdi Bazargan, wollte das Land aus der Abhängigkeit der USA lösen, war aber grundsätzlich pro-westlich eingestellt. Nach ein paar Monaten der Entfremdung und atmosphärischen Verstimmungen suchte er deshalb wieder das Gespräch mit den USA, was unmittelbar zur Geiselaffäre führte. Diese leitete über zur zweiten Phase, die bis Ende der achtziger Jahre dauerte. Man könnte sie mit der Ueberschrift „Isolation und Revolutionsexport" versehen. Die Geiselaffäre machte Iran zum internationalen Paria. Das wirkte sich besonders fatal aus, nachdem der Krieg mit dem Irak ausgebrochen war. Das UNO-Embargo verhinderte, dass dringend benötigter Nachschub an Material und Waffen über offizielle Kanäle beschafft werden konnte. Iran musste folglich auf den internationalen Grau- und Schwarzmarkt ausweichen, wo aber nicht genügend Ersatz für den Verschleiss auf den Schlachtfeldern erworben werden konnte; zudem war das eingekaufte Material oft von zweifelhafter Qualität und nur zu übersetzten Preisen zu haben. Der Mangel an Waffen und Ersatzteilen führte 1985 zum einzigen ernsthaften Versuch einer gewissen Wiederannäherung an die USA. Nach ersten Kontakten, und mit Vermittlung Israels (das während des ganzen Krieges Iran immer wieder kleinere Waffenlieferungen zukommen liess, um es im Krieg gegen den ebenfalls israelfeindlichen Irak zu halten), schickten die USA eine begrenzte Menge von Nachschub. Diese Annäherung wurde aber abrupt gestoppt, nachdem sie publik wurde. Während in den USA die Bekanntmachung der Kontakte für einen veritablen Skandal sorgte, welcher die Administration von Ronald Reagan nachhaltig schwächte, löste sie in Iran einen Machtkampf aus. Er wurde zwar von jener Fraktion gewonnen, welche diese Wiederannäherung vorangetrieben hatten – übrigens mit stillschweigender Billigung Khomeinis. Aber der Preis dafür, dass diese Gruppe um den damaligen Parlamentspräsident Hojatoleslam Ali Akbar Hashemi Rafsanjani letztlich die Oberhand behielt, war, dass die Beziehungen zu den USA wieder abgebrochen wurden. Amerikanische Waffenlieferungen blieben also eine Episode; wenige Monate nach der Enthüllung der ganzen Angelegenheit stellte sich die USA *de facto* auf die Seite Iraks, indem die amerikanische Marine fortan Geleitschutz für Tanker unter kuwaitischer Flagge gewährte und mehrmals mit massiven militärischen Mitteln gegen iranische Schnellboote, aber auch gegen iranischen off-shore-Oelinstallationen vorging.

Die internationale Isolation Irans verhinderte ebenfalls, dass die Islamische Republik Verbündete fand im Krieg gegen Saddam Hussein. Das einzige Land, das offen die Partei Irans ergriff, war das laizistische Syrien, dessen Machthaber Hafiz al-Assad einen tiefen persönlichen Groll auf seinen irakischen Amtskollegen Saddam Hussein hegte. Die Isolation Irans wurde aber vor allem dadurch verstärkt, weil das Regime in Teheran seine Revolution in den ganzen Nahen Osten und in die ganze muslimische Welt zu exportieren trachtete. Wichtigstes Zielgebiet dieses Exportes war zuerst einmal der Irak selbst, gegen den ein achtjähriger Krieg ausgefochten wurde. Khomeini rechtfertigte die Fortsetzung des Krieges nach der Rückeroberung der verlorenen iranischen Gebiete im Frühjahr 1982 mit der Notwendigkeit des Sturzes des „Atheisten" Saddam Hussein und der Befreiung der irakischen Muslims. Sein Ruf nach Revolution verhallte im Irak, wo Khomeini ja selbst bis 1978 residiert und gelehrt hatte, nicht ganz ungehört. Seit den fünfziger Jahren gab es unter den Schiiten des Landes eine kleine, aber aktive Partei names „al-Daw'a", welche für die Errichtung einer Islamischen Republik und gegen das säkuläre Regime von Saddam Hussein kämpfte. Schon vor dem Krieg war Saddam gegen die „al-Daw'a" vorgegangen und hatte ihre Anführer inhaftieren, foltern und exekutieren lassen, darunter auch hochrangige und angesehene Geistliche. Tausende von irakischen Islamisten flohen daraufhin nach Iran. Als im Verlauf des Krieges Zehntausende von

Irakern gefangen genommen wurden, bildeten sich unter den Schiiten von ihnen, und mit Unterstützung der iranischen Revolutionswächter, sogenannte Revolutionskomitees. Diese schlossen sich schliesslich zum „Obersten Rat der Islamischen Revolution im Irak" zusammen und bildeten eine Gegenregierung in Teheran.

Der Appell Khomeinis an die Schiiten Iraks – welche die Bevölkerungsmehrheit in diesem Land stellen - blieb aber letztlich erfolglos. Entgegen den Erwartungen in Teheran blieben die schiitischen Iraker in ihrer überwältigenden Mehrheit dem Regime in Bagdad treu. Sie verstanden sich zwar durchaus als Schiiten, vor allem aber auch als Araber, und in dem Sinn war ihnen Saddam Hussein näher als Khomeini, wenn es schon galt, diese Wahl zu treffen. Trotz dieser Loyalität der irakischen Schiiten steigerte sich indes Saddams Misstrauen gegenüber ihnen dramatisch; sein Regime – das sich vor 1979 pronociert säkulär gegeben hatte – wandelte sich unter dem Eindruck des Krieges mit dem schiitischen Iran zu einer kaum mehr verhüllten sunnitischen Stammes- und Klanherrschaft. Hatten sich die Schiiten vor 1979 im irakischen Staat wenig benachteiligt gefühlt, war das am Ende des Krieges durchaus der Fall, da der Druck der Regierung auf sie als Gruppe zugenommen hatte. Und als im Februar 1991, am Ende des ersten Golfkrieges gegen die internationale Koalition unter der Führung der USA, das irakische Regime am Rande des Zusammenbruchs stand, erhoben sich denn auch die irakischen Schiiten gegen Saddam Hussein – was dieser mit brutaler Unterdrückung beantwortete. Der heute den irakischen Staat so schwächende Gegensatz von Schiiten und Sunniten ist zu einem guten Teil auch eine Erbschaft des achtjährigen Kriegs zwischen Iran und Irak und des (letztlich misslungenen) Versuchs des Exportes der islamischen Revolution.

Wesentlich erfolgreicher als im Irak waren die Iraner im Libanon. Etwa ein Drittel der Libanesen sind heute Schiiten. Traditionell bildeten sie die Unterschicht, unterdrückt von den politischen dominierenden Gruppen des Landes, den maronitischen Christen und den muslimischen Sunniten. Khomeinis Ruf nach Befreiung fand unter ihnen von Anfang an einen fruchtbaren Nährboden. Es ist zu komplex, hier in allen Details die Geschichte der libanesisch-schiitischen politischen und kulturellen Emanzipation zu gehen. Nur soviel: 1982 gründeten schiitische Islamisten, mit der Unterstützung der Revolutionswächter und des syrischen Geheimdienstes, eine Gruppierung namens Hizbullah, die „Partei Gottes". Ein Jahr darauf holte die prowestliche libanesische Regierung zur Stabilisierung ausländische Truppen ins Land, darunter ein grösseres amerikanisches Kontingent. Im Oktober 1983 sprengten Hizbullah-Selbstmord-Attentäter das Beiruter Lager der amerikanischen Marineinfanterie und eines französischen Fallschirmjägerregiments in die Luft; 241 Amerikaner und 58 Franzosen starben. Innert weniger Monate zogen sich die ausländischen Truppen zurück. Das war der erste spektakuläre Einsatz von Selbstmordattentätern; eine Praxis, die vorerst eine „Spezialität" der schiitischen Hizbullah blieb, später sich aber auf die ganze Szene der islamistischen Extremisten ausdehnte. Nachdem der libanesische Bürgerkrieg 1989 mit dem Abkommen von Taif ein formelles Ende fand, wurde die Miliz der Hizbullah nicht aufgelöst, sondern weiterhin toleriert als die einzige wirkliche schlafkräftige Einheit gegen Israel. 2006 kam es zu einem 30tägigen Krieg zwischen der Hizbullah und Israel, der für letzteres mit einer demütigenden Quasi-Niederlage endete. Die Hizbullah ist heute die dominierende politisch-militärische Kraft im Libanon; sie ist dies nicht zuletzt wegen anhaltender iranischer und syrischer Unterstützung. Andererseits hat die Hizbullah von ihrem ursprünglichen Ziel einer Islamisierung des Libanons und seiner Umwandlung in eine Islamische Republik wenigstens formell Abschied genommen und bekennt sich heute zu einem multikonfessionellen Staat.

In den achtziger Jahren versuchte der Iran seine Revolution auch in zahlreiche weitere Länder zu exportieren. Im benachbarten Afghanistan, ähnlich wie im Libanon, sammelte es die Schiiten dieses Landes unter seiner Flagge; allerdings verhielten sich die afghanischen Schiiten relativ passiv im Kampf gegen die Sowjets, und auch im darauf folgenden Bürgerkrieg spielten sie kaum eine Rolle.

In den Golfstaaten war der revolutionäre Iran bestrebt, die schiitische Minderheit in Saudi-Arabien und die Mehrheit in Bahrain für einen islamischen Umsturz zu mobilisieren. Und diese – oft Bürger zweiter Klasse – hatten auch Anlass fürs Revoltieren. Doch Aufstände wurden von den lokalen Sicherheitsorganen erfolgreich unterdrückt. Dann versuchte Khomeini, die jährliche Pilgerfahrt von Zehntausenden von Iranern nach Mekka zu instrumentalisieren und politisieren. Die örtlichen Prozessionen arteten daraufhin zu Protestdemonstrationen aus; 1987 kam es zum Zusammenstoss mit saudischen Sicherheitskräften und schliesslich zu einer Massenpanik. 400 Menschen kamen ums Leben. Saudi-Arabien brach die Beziehungen zu Iran ab und verbot faktisch die Teilnahme iranischer Pilger an der

Wallfahrt – ein herber Rückschlag von hoher religiös-politischer Symbolik für das Regime in Teheran.

Ein partieller Neuanfang

1989, zum Zeitpunkt des Todes Khomeinis, war Iran international isoliert, vom Krieg erschöpft, und letztlich erfolglos im Revolutionsexport – keine andere Regierung im muslimischen Raum war gestürzt worden, bekannte sich zum iranischen Beispiel. Das einzige Ausnahme war der mausarme, nur zur Hälfte muslimische Sudan, wo just im selben Jahr das Militär die Macht ergriff und sich einen islamistischen Anstrich gab – ohne sich aber auf Teheran zu berufen.

Die neue Regierung unter Rafsanjani, der jetzt Präsident geworden war, leitete eine weitere Phase in der Aussenpolitik ein. Hauptziel war zunächst, vor allem aus wirtschaftlichen Ueberlegungen, das Aufbrechen der Isolation. Dazu gehörte einerseits die Normalisierung der Beziehungen zu europäischen und asiatischen Ländern, andererseits die Reduktion der revolutionären Rhetorik und Praxis auf einen „harten" Kern: offiziell lehnte Iran weiterhin die amerikanische Politik ab, in der israelisch-arabischen Konfrontation wurden weiterhin die militantesten Gruppen unterstützt, auch Subversionsversuche im Golf, etwa in Saudi-Arabien, konnten weiterhin auf die rhetorische und propagandistische Unterstützung durch Teheran zählen. Doch gleichzeitig zeichnete sich die iranische Politik durch neue Flexibilität aus. Während des Golfkrieges von 1991 bewahrte Teheran strikte Neutralität, sogar, als es nach dem Ende des Krieges zu einem schiitischen Aufstand im Süden kam; viele sahen darin ein Signal an die Amerikaner, man sei für eine Annäherung bereit. Doch die USA griffen den Ball nicht auf. Ab 1992 verschlechterten sich die amerikanisch-iranischen Beziehungen wieder; die Administration von Bill Clinton verfolgte eine Politik der „doppelten Eindämmung" gegenüber Saddam Husseins und Iran. Auch sonst blieben die Oeffnungserfolge Rafsanjanis limitiert: die Salman Rushdie-Problematik überschattete die Beziehungen zu den Europäern.

Die Wahl des liberal gesinnten Hojatoleslam Sayyid Mohammad Khatami zum Präsident (1997) schien eine neue Gelegenheit zur Annäherung zwischen Iran und dem Westen bzw. der USA zu bieten. Doch erwies sich Khatami schwächer als erwartet. Innenpolitisch konnte er sich nicht durchsetzen, was auch einer politisch-diplomatischen Annäherung an Washington enge Grenzen setzte. Selbst der Terroranschlag vom 11. September brachte nicht eine Entspannung mit Washington, obwohl Usama bin Laden, als fundamentalistischer Sunnit, keineswegs ein Freund Irans ist – im Gegenteil: zwischen dem schiitischen Iran und bin Ladens Gastgeber in Afghanistan, den sunnitisch-extremistischen Taliban, herrschte damals Todfeindschaft. Doch der Einmarsch der USA im Irak vergiftete die Atmosphäre mit Teheran erneut: Der Iran sah sich immer mehr von den USA eingekreist, nachdem sich die Amerikaner im Gefolge des Sturzes der Taliban im Oktober/November 2001 schon in Afghanistan festgesetzt hatten. Allerdings ergab sich mit dem Sturz Saddam Husseins die Chance, den lang gehegten Plan einer von Schiiten getragenen Regierung in Bagdad zu verwirklichen – Ironie des Schicksals: quasi mit Hilfe der Amerikaner konnten sich im Irak Kräfte durchsetzen, die Iran durchaus gewogen sind. Belastet wurde das iranisch-amerikanische Verhältnis zunehmend auch durch die Auseinandersetzung um das nukleare Programm des Irans und die anti-israelischen Hasstiraden des auf Khatami folgenden Präsidenten Mahmud Ahmadinejad.

Fazit

Kommen wir zum Fazit: Die iranischen Revolution hat einen bedeutenden Einfluss auf das internationale System gehabt – weil sie die politische Landschaft des Nahen Osten merklich prägte und veränderte. 1979 war, mit der Revolution im Iran, dem israelisch-ägyptischen Friedensschluss und dem Einmarsch der Sowjetunion in Afghanistan, ein Schicksalsjahr für diese wichtige Region der Welt – wie dies 1947 (Gründung Israels), 1967 (Sechstagekrieg) oder 1991 (erster Golfkrieg) gewesen waren. Vieles von dem, was heute im Nahen Osten abläuft, lässt sich auf dieses Jahr zurückführen. Aufs engste verbunden mit der iranischen Revolution ist der Aufschwung des Islamismus – der prägenden politischen Kraft im Nahen Osten und in weiten Teilen der muslimischen Welt. Dabei hat der Islamismus in den vergangenen 30 Jahren eine ganze Reihe von Transformationen durchgemacht und präsentiert sich heute in einer Bandbreite, die von der relativ milden Version des türkischen Ministerpräsidenten Recep Tayyip Erdogan bis zur gewalttätigen Apokalypse eines Usama bin Laden reicht. Zu Recht wird dabei darauf hingewiesen, dass angesichts dieser Bandbreite von einem einheitlichen Islamismus nicht mehr gesprochen werden kann: es wäre, als würde man gemässigte Sozialliberale mit beinharten Stalinisten in den gleichen Topf werfen, bloss, weil beide sich in irgend einer Form für soziale Belange in der Politik interessierten bzw. engagierten.

Iran ist in vielerlei Hinsicht dort angelangt, wo es bereits beim Sturz des Schahs gestanden hatte: die brennendste Ambition des letzten Kaisers auf dem Pfauenthron war es gewesen, Iran zu einer anerkannten Grossmacht zu machen. Mit „Einwilligung" der Amerikaner wollte er spielte die Rolle des „Gendarmen am Golf" spielen. Diese Rolle wird Iran heute verwehrt – von denselben Amerikanern (und mit stillschweigender Billigung der arabischen Staaten). Als revolutionäre Macht ist Iran zumindest theoretisch zudem auch einer globalen Ambition verpflichtet, nämlich der Revolutionierung des gesamten muslimischen Raums. Allerdings haben 30 Jahre vergeblichen Revolutionsexportes hier die Erwartungen auf ein realistisches Niveau heruntergeschraubt. Aber auch diese Realisten wollen, dass Iran am Golf die Rolle zusteht, die es aufgrund von Bevölkerungsgrösse und Geschichte verdiene. Iranischer Nationalismus und revolutionärer Messianismus vermischen sich hier. Und: Radikale und Gemässigte in Teheran sehen sich gleichermassen von den USA unverstanden, eingekreist, bedroht. Insofern ist der Erwerb von Nuklearwaffen oder zumindest der Versuch dazu aus der Sicht sehr vieler Iraner – und nicht nur solcher, die für das Regime einstehen – durchaus gerechtfertigt. Schon der Schah spielte mit dem Gedanken einer Nuklearbewaffnung Irans – er sah davon ab, weil die Amerikaner dagegen waren. Die heutige Führung in Teheran wird sich nicht so leicht überzeugen lassen.